うたって　動いて　楽しくあそぼう

はじめての わらべうた

編著
清野京子

絵
近藤理恵

ちいさいなかま社

はじめに

────「わらべうた」を知らない？

「わらべうた」というと、若い人たちから「知らない」と返事が返ってきます。そこで、「《いしやきいも～ おいも～ おいも～》、《たけや～ さおだけ～》の売り声を聞いたことなーい？」「お友だちと《おちゃらかほい》で、じゃんけんをしなかった？」「《せっせせーの よいよいよい お寺の和尚さんが…》って、お手合わせをしなかった？」「何かを決めるとき、《どれにしようかな》って、神さま（天神さま）に決めてもらわなかった？」と聞いてみます。

　すると、ほとんどの人が「やったことある」「聞いたことある」と答えてくれます。じつは、これらはすべて「わらべうた」です。「わらべうた」を知らないという若い人たちは、それを「わらべうた」だと思っていないだけで、誰でも一度は耳にしたり、あそんだことがある。それが「わらべうた」なんです。

────あそびのなかの「わらべうた」

「わらべうた」は長い歳月をとおして、子どもたちが、あそびながら受け継ぎ、伝えられてきたうたなので、誰が作詞をして作曲をしたのかわかりません。タイトルもないので、ほとんど歌い出しがタイトルの代わりです。

　保育園での朝のあいさつ。私は歌うように、子どもたちに声をかけます。

もしこれが、子どもたちに伝承されていけば、それは「わらべうた」です。なんでも「わらべうた」になるんです。

　「わらべうた」は、子どもたちが伝承していくあいだに、その土地土地で、微妙に言葉やうたのニュアンスが変化していったり、言葉がつけ加えられていくことがあります。

たとえば「どれに しようかな」(47ページ)は、〈神さまの いうとおり〉のあとに、〈もひとつ おまけに 三度豆〉。さらに続けて、〈鉄砲撃って バンバンバン〉と入れる地域もあります。

　私が生まれ育った福島県で歌われる「かごめ かごめ」（36ページ）を紹介しましたが、地域によって、歌詞やメロディーが少しずつ違うのはこのためです。正しい「わらべうた」を知りたいと思っても、正しい「わらべうた」はありません。そのどれもが正しいのです。

　けれども残念なことに、現在は失われてしまった「わらべうた」も多くあります。また、生きた「わらべうた」を伝え聞く機会を得るのも難しくなってしまいました。そこで、私がこれまでに伝え聞いた歌い方・唱え方を楽譜などにしましたが、本来「わらべうた」は伝承により受け継がれていくものです。皆さんが、それぞれの調子で歌い、唱え、あそび方も自由に楽しめばいいのです。

──子どもたちと育む「わらべうた」

　保育園や幼稚園では、「わらべうた」を歌ったり、「わらべうた」であそんで時間を過ごしますが、やがてそれが、子どもたちの生活の中に自然に溶け込んでいくのを実感します。

　保育士が〈いち にの さんもの しいたけ…〉と歌いだすと、子どもたちが保育士の後ろについてきて、園内の移動につながります。子どもたちは、「わらべうた」を口ずさんだり、自分たちだけであそびはじめます。小さい子には、「わらべうた」をやってあげる姿などが見られるのです。

　その子どもたちが、子どものときに「わらべうた」であそんだことを思い出し、その次の世代の子どもたちに伝えていってほしいと願います。そのためには、今の子どもたちに、「わらべうた」の楽しさを伝えなければなりません。大切なのは、おとな自身が「わらべうた」の楽しさを見つけることです。まずは、おとなが「わらべうた」を楽しむことから始めていただければと思います。

　そして、保育園や幼稚園だけでなく、ご家庭でも、親子で一緒に「わらべうた」であそんでいただければと思います。

も く じ

https://www.hoiku-zenhoren.org/publishing/
hajimeteno_warabeuta/

この本の使い方

○「わらべうた」には、筆者が一緒に
　あそんだクラスの子どもたちの年齢
　を記しています。
　けれども、はじめて「わらべうた」
　をするクラスなら、ゼロ歳児のあそ
　びから始めるとよいでしょう。

○「わらべうた」をつぎつぎ取り入れ
　てしまうと、子どもたちが消化不良
　になってしまいます。1か月に1～
　2曲が目安です。

○「わらべうた」を歌うときは、すこ
　しキーを高くすると、楽しく聞こえ
　ます。唱えも同様です。

○上の QR コードから、筆者の歌う「わ
　らべうた」を聞くことができます。

　①あんよは じょうず
　②ひぃ ふぅ みぃ よぉ
　③いち にの さんもの しいたけ
　④うしぬまれ
　⑤ねずみ ねずみ
　⑥ふゆべま なかゆべま
　⑦ぺったら ぺったん
　⑧コンコンさま
　⑨おくやまに
　⑩まめっちょ まめちょ
　⑪一つ ひばしで
　⑫おおさむ こさむ　ほか

このこ どこのこ

このこ　どこ のこ　かっ ちん　こ
（○○ちゃん）

おそび方

① 子どもの目をよく見ながら両手を握り、うたに合わせて、手を左右に動かします。

② 2回目は、「どこのこ」のところに、子どもの名前を入れます。

このこ
○○ちゃん
かっちんこ

このこ〜
どこの〜

**わらべうたと
子どもたち**

リズムを共有し、顔を見て「○○ちゃん」と歌ってもらうと、にこっと、いい顔をしてくれます。

1歳半〜2歳児は、子ども自身がお人形さんを抱っこして、歌ってあげたりしています。

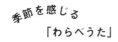

季節を感じる
「わらべうた」

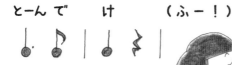

1歳児〜

たんぽぽ たんぽぽ

お散歩で、たんぽぽの綿毛を
飛ばしてあそびます。

わらべうたと
子どもたち

おっぱいを吸うの
で、息を吸うのは赤
ちゃんのときからで
きるのですが、息を吸って吐きだすのは、
むずかしいようです。

1歳児でも、何度もやるうちに、上手
に吹けるようになります。

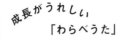

成長がうれしい
「わらべうた」

あんよは じょうず

あん よは　じょう ず　　ころ ぶは　おへ　た

✖ ＝1拍です

ここ まで　おい　で
…………………

あま ざけ　しん じょ

おそび方

　唱えてあそぶわらべうたです。リズミカルに手
拍子などをしながら、歩き始めのゼロ歳児や、ま
だ頼りない歩き方の子に歌います。

わらべうたと
子どもたち

　保育園では、場所移動のときにも歌っています。
　「しんじょ」とは、「進ぜましょう（あげましょう）」
という意味で、「ここまで歩いてきたら甘酒をあげ
ますよ」と言っているのです。

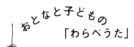

おとなと子どもの
「わらべうた」

0歳児〜

ふくすけさん

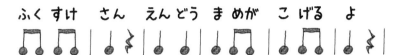

ふく すけ　さん　えんどう まめが　こげる　よ

はやく　いって　かんまし　な

あそび方

　足の小指から薬指の順に、2拍ずつつまむように指をさわっていきます。親指まできたら、人差し指、中指と戻り、「な」で、足の裏をくすぐります。

　手の指でやっても楽しめます。

「かんましな」は、「かき混ぜな」のことだよ

つぶや つぶや

つぶ や つぶやー　　むきつぶ や　　きょねんの はるー　　いったら ば

からすと ゆーう　　ばかどりに　　チャッカリ ムックリ　つつかれ た

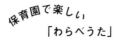

あそび方

①子どもたちは、まるく輪になって、かた手を軽く握^{にぎ}ってだします。

②オニはその中で、一緒に歌いながら歩き、順番に、人差し指をみんな
　の握りこぶしに差しこんでいきます。

③「つつかれた」の「た」に当たった子は、握りこぶしを下げてお休み。
　何度も歌いつづけ、最後まで残った人が、つぎのオニになります。

わらべうたと
子どもたち

　小さい子は、おとなが歌いながら、人差し指で手をさわっていくだけでも楽しんでくれます。

　「つぶや つぶや」のあそびは、〈オニ決め〉のあそびになります。

　このように、〈オニ決め〉（「いち にの さんもの しいたけ」19 ページ）や〈じゃんけん〉（「じゃんけん ぽっくりげた」33 ページ）、「どれにしようかな」と占ったり（「どれに しようかな」47 ページ）、「だれかな」と人を当てたりする（「べろべろ しょうじき」61 ページ）わらべうたが、たくさんあります。

「つぶ」は、東北地方の方言で、田んぼなどにいる「タニシ」のことです。

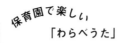

なか なか ほい

なか なか ほい　　そと そと ほい　　なか そと そと なか

そと そと ほい　　なか なか ほい　　そと なか なか そと

なか なか ほい

そと そと ほい　　くり返し

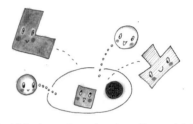

あそびかた その❶

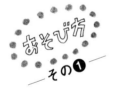

　2人で手をつなぎます。うたいながら、「なか（中）」で両手を近づけ、「そと（外）」で両手を開きます。小さくリズムをとりながら、2人で手をせばめたり、広げたり…。

「なか なか ほい」なら
手は「中 中 中」、
「そと そと ほい」なら
手は「外 外 外」に
するよ

**わらべうたと
子どもたち**

　みんなが知っている「なか なか ほい」です。部屋の中でも、外でもあそべます。
　お手玉や縄跳びの縄を使ったり、なにもなくても楽しめます。いろいろ工夫してみましょう。

縄を跳ぶ人は、「なか なか ほい」と「なか」を、2本の縄の中で跳び、「そと そと ほい」と「そと」を、股を開き、2本の縄をまたいで跳びます。

縄を持つ人は、「なか なか ほい」と「なか」で縄を開き、「そと そと ほい」と「そと」で縄を閉じます。

お手玉とざるで、リズムをとります。
「なか」は、ざるの中、「そと」は、
ざるの外で、トントントン。

季節を感じる
「わらべうた」

たけのこ いっぽん

たけのこ いっぽん ちょうだい な

たけのこ にーほん　ちょうだい な
たけのこ さんぼん　ちょうだい な

まだ めが　　でな　い

くり返し

まだ めが　　でな　い
もう めが　　でた　よ

うしろの ほうから　ぬいとくれ

①オニを1人決めます。

②先頭の子は、木やポールにしがみつき、つぎの子
　　からは、腰に手をまわして一列につながります。

③オニは、「たけのこ1本 ちょうだいな」と歌いながら、たけのこになっ
　たみんなに近づきます。

④みんなは、「まだ芽が でない」と歌い、オニは、はじめの場所へ戻り
　ます。

⑤オニがくり返し、「たけのこ2（3…）本」と歌い、「もう芽が でたよ」
　と、みんなが歌えば、オニはいちばん後ろの子
　を引っこ抜きます。

⑥引っこ抜かれた子は、つぎのオニになりますが、
　もし、列の途中で切れてしまったら、つぎのオ
　ニは、離れた子になります。

わらべうたと
子どもたち

　園庭のポールにつかまって、抜かれまいとがんば
る「たけのこ」になった子どもたちと、抜こうとす
るオニ。5歳児が本気になって盛り上がり、いつま
でもあそんでいました。

　人数が多いときは、抜けてしまった子から後ろの
子全員が、オニになることにしました。

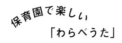

あぶくたった

あ ぶく　たっ た　　にえ たっ　た　　　にえたか　どうだか

たべ てみ　よ　　　　ムシャ ムシャ ムシャ

まだ にえ　ない　　くり返し

（まだ にえ　ない）
もう にえ　た

みんな

「とだなに　しまって…、かぎを　がちゃ
がちゃ。おふとん　しいて…、電気を
けして…、もう　ねましょ」

お風呂も
入るよ

歯もみがいて

うんち

**わらべうたと
子どもたち**

　1歳児クラスと2歳児クラスであそびました。

　1歳では輪の中に入るのが楽しくて、子ども全員
がオニになってしまい、保育士3人で回りました。
けれども何度もあそぶうちに、だんだん輪の中と外に分かれていきます。

　2歳では、「なんの音？」で、自分の好きなおもちゃや動物の名前を
ずーっと出してくれるので、交代ができません。ころあいを見て、保育
士が助け舟を出します。すると月齢の高い子が、「おばけって言うんだよ」
と、教えてくれたりします。

オニ	 「トントントン」	 「トントントン」
みんな	「なんの音？」	「なんの音？」
オニ	「風の音」	「自動車の音」
みんな	「あーよかった！」	「あーよかった！」

トントントン

「トントントン」
「なんの音？」
「おばけの音」
「キャー！」

逃げるよ！

①手をつないで輪になり、オニのまわりを「あぶく たった」と歌いながら歩きます。

②「食べてみよ」で、オニに近より、「ムシャ ムシャ ムシャ」と、食べるまねをします。

③「まだ煮えない」で、もう一度、「あぶくたった」 に戻り、「もう煮えた」になるまでくり返します。

④煮えたら「戸棚にしまって…寝ましょ」と、生活 の中で行う動作を、ごっこ遊びのようにします。

⑤子どもたちが寝ると、オニがドアをノックします。

⑥オニとやり取りをして、オニの正体を見破ったら 逃げます。捕まった子が、つぎのオニになります。

ムシャムシャムシャ

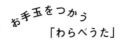

お手玉をつかう
「わらべうた」

ひぃ ふぅ みぃ よぉ

ひぃ ふぅ　みぃ よぉ　　よ もの　　けし きを

はると　ながめて　　うめに　　うぐいす

ほー ほけ　きょ

お手玉を1つ持ち、歌に合わせて「ぽんぽん」と、上に投げたり、左右の手に持ちかえてあそびます。

わらべうたと
子どもたち

小さい子には、保育士がやって見せますが、2歳児でも、小さいお手玉を作ってわたすと、やっているつもりになってあそびます。

いち にの さんもの しいたけ

3歳児〜

いち　　にの　　さんもの しいたけ　　でっこん ぼっこん

❌　　❌　｜　❌　　❌　｜　❌　　❌　｜

ちゅうちゅう かまぼこ　　ですこん　ぱ

❌　　❌　｜　❌　　❌　｜

　子どもたちは、まるく輪になって、軽く両手を握り、前にだします。オニは輪の中に入り、一緒に唱えながら、指でみんなのげんこつに、1つずつふれていきます。

　うたの終わりの「ぱ」で当たった子が、つぎのオニになります。

　はじめのオニはおとながしますが、慣れてくれば、子どもたちだけでもあそべるようになります。

　「さんもの」は、三番目のといった意味でしょう。

ゆびきり かまきり

ゆび きり　かま きり　うそ ついた　もの は

じごくの　　かまへ　つきおと　せ

わらべうたと
子どもたち

　おとなは、「地獄の釜へつき落とせ」のことばは、子どもに恐怖心を与えるのではないかと心配しますが、子どもは、ことばのおもしろさを楽しみ、「フー」と吹いてもらうのをよろこびます。

　お盆には、あの世とこの世をつなぐ地獄のふたが開くと言われています。

　地獄に落とされては困りますが、わらべうたは、先祖を敬い、命が続いていくことを、あそびの中で伝えているのではないかと思います。

子どもと向きあって、布を上げたり下げたりしながら、ゆったりと歌います。

歌い終わったら、布を「フー」っと吹きます。

ゼロ歳の
赤ちゃんでも
あそべるよ

子どもの手を持って、上下に動かしながら歌い、最後に子どもの手のひらを、やさしく吹きます。

おてんとさん

おてんと さん ●　おてんと さん ●

✕ ✕ | ✕ ✕ | ✕ ✕ | ✕ ✕ |

あっちばっか てって こっちばっか てらん

✕ ✕ | ✕ ✕ | ✕ ✕ | ✕ ✕ |

てれ てれ ぼー ずに おちゃにて かぶ しょ ザー!!
(水をかける)

✕ ✕ | ✕ ✕ | ✕ ✕ | ✕ ✕ |

●は1拍の
お休みです。

**あそび方
その❶**

　1〜2歳の子どもには、保育士が歌って、たらいの水をかけます。

　水をいやがる子も、あそぶうちに慣れてきて、子ども同士でかけあう姿も見られるようになります。

保育士と一緒なら、3歳児から
プールの中であそべます。
プールでなければ、「うそんこ」
で、水をかける振りをします。

①じゃんけんをして、勝った組と負けた組に分かれ、
　手をつないで並びます。

②負けた組から「おてんとさん」と歌いながら、4拍、
　前へ歩きます（前進）。負けた組が近づいてきたら、
　勝った組は、下がります（後退）。

③つぎの「おてんとさん」で、勝った組が4拍前進
　し、負けた組は後退します。

④「あっちばっか」からは、②と③をくり返します。

⑤「ザー」で、勝った組が、負けた組に水をかけます。

⑥⑤のあとは、勝ち組も負け組も一緒になって、水
　をかけあいます。

プールの中で、
「はないちもんめ」の
ようにあそぶよ

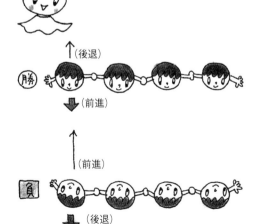

(勝) ↑（後退）
　　　↓（前進）

　　　↑（前進）
(負) ↓（後退）

↓おちゃにて　かぶしょ（ザー！）
　↑
↓こっちばっか　てらん
↓おてんと　さん
　　↑（スタート・後退）

↑おてんと　さん（スタート・前進）
↑あっちばっか　てって
↑てれてれ　ぼーずに

うしぬまれ

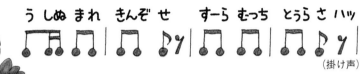

うし ぬ まれ　きんぞ せ　　すーら むっち とうら さ ハッ

(掛け声)

コーブイ　コーブイ　コーブイ ●　唱えて、水に
落とす

竹富島（沖縄県）
の「わらべうた」
だよ

小さい子は脇の下を持ち、歌に合わせて左右に揺らします。歌の終わりに、ポトンと水の中（たらい）に落とします。

年中・年長の子は、おとな2人で両手足を持ち、子どもを前後に揺らし、最後はプールにストンと落とします。

かならずおとなが付いて、援助します。

わらべうたと
子どもたち

「牛のまねだぞ けっとばせ」「持ち上げてやろう」「こうもり（コブイ）だ こうもりだ こうもりだ」と歌っています。

ねずみ ねずみ

ね－ずみ　ね－ずみ　ど－こい　きゃ　わが　すへ　　チュッチュク　チュ

✖　　✖　｜　✖　　✖　｜✖　✖　｜　✖　　✖　｜

ね－ずみ　ね－ずみ　ど－こい　きゃ　わが　すへ

✖　　✖　｜　✖　　✖　｜✖　✖　｜

> 「チュッ チュク チュ」が、肘の あたりになるよ

とびこんだ　●

✖　　〰　｜

①子どもの手を、手の甲を上にして持ち、歌いながら 手首から上へ、人差し指と中指であがっていきます。
②「とびこんだ」で、子どもの脇の下をくすぐります。

わらべうたと 子どもたち

　赤ちゃんは、寝かせて足先から やってあげると、「チュッチュク チュ」が、腰のあたりで、最後が 脇の下にいきます。

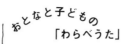
おとなと子どもの
「わらべうた」

1歳児〜

ふゆべま なかゆべま

ふ ゆべ まー なか ゆべ ま たか てい

まーれま かん ざせ ま がさ めま あんまー

かい おり ジョロ ジョロ ジョロ ハイ ジョロ ジョロ ジョロ

しゅっ かー なー に みじ りぃ てい ゆん たま しゅっか

シュル シュル シュル シュル シュル シュル

竹富島（沖縄県）の
「わらべうた」です。

> **わらべうたと子どもたち**

「お母さんが井戸へ行って、お洗濯をしているよ」と言っています。

竹富島で、「この『わらべうた』には続きがあるよ」と、教えてもらいました。「ジョロ ジョロ ジョロ」のあとからの唱えがそれです。

1・2歳児クラスでは、たらいに水を入れて、「シュル シュル シュル」と、水を切るように手を振ってあそびました。1〜2歳では、全部を同じにはできませんが、保育士のしぐさをそれなりにまねしてくれます。

「ふゆべま」は親指、「なかゆべま」は人差し指、「たかてぃまれま」は中指、「かんざせま」は、かんざしをさす指で薬指、「がさめま」は、小さなカニのような指で小指をさします。「あんまー」は、お母さんのことです。

1人で、しぐさをしてあそびます。

①指で、親指から順にさわっていきます。

②「がさめま」で小指に触れ、「あんまー」で左右の手のひらを上に向け、「かいおり」で手をひっくり返し、手の甲を上にします。

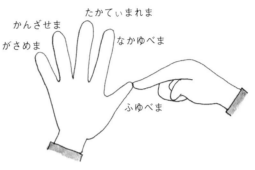

かんざせま　たかてぃまれま
がさめま　　なかゆべま
ふゆべま

③「ジョロジョロ」は、リズムに合わせて、両手首を上下に振ります。

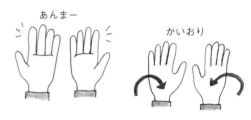

あんまー　　かいおり

ジョロ ジョロ ジョロ

シュル シュル シュル

④唱えからは、手を合わせてひらくのを3回くり返し、「てぃ」で、両手を合わせます。

しゅっかーなーに
みじりぃてぃ

⑤「ゆんたま」「しゅっか」で、片手ずつ前へ出します。

⑥「シュルシュル」は、両手首を左右に振ります。

くすりやさんの まえで

くす りや さん の　まえ　で　　こど もと こど もが

けん かし て　　なか　なかやめ ぬ

ひと　たちゃ わら う　おや たちゃ しんぺぇ する

> **わらべうたと
> 子どもたち**

　　福島の手あそびです。「しんぺぇする」は、福島
弁で「心配する」の意味です。「親が怒る」と歌う
地域もあると思います。

　　また、みなさんの地域とは、薬指から始まるとこ
ろが違うのではないでしょうか。

右手と左手の、両手のひらを開いて向き合わせます。うたを歌いながら、右手と左手の薬指どうしを、7回ずつ合わせます。

続けて、小指、中指、人差し指、親指の順で合わせていきます。

① 薬指で 「くすりやさんの　まえで」
② 小指で 「こどもと　こどもが　けんかして」
③ 中指で 「なかなか　やめぬ」
④ 人差し指で 「ひとたちゃ　わらう」
⑤ 親指で 「おやたちゃ　しんぺぇする」

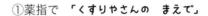

小さい子とあそぶときは、子どもに手を開いてもらい、おとなが歌いながら、子どもの指に、同じ指どうしを合わせていきます。

ほたる こい

ほ たる こい やま みち こい

あん どの ひかりを

ちょいと みて こい

おそび方

① オニを決め、オニ以外は輪になります。

② みんなでうたを歌いますが、オニは、輪の中を、
提灯を持って、歌いながら歩きます。

③ 「みてこい」で、オニが提灯を輪の中の1人に渡
し、その子が、つぎのオニになります。

＊小さい子は、みんなで提灯を持ち、一緒に
歌いながら歩くのを楽しんでいました。

「あんど」は、「あんどん」では
なく、持ち運べる提灯にします。

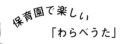

保育園で楽しい
「わらべうた」

4歳児～

おらうちの どてかぼちゃ

輪になって
あそぶよ

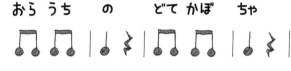

おらうち　の　　どてかぼ　ちゃ

ひにやけ　て　　くわれな　い

おそび方

①2人が向きあい手をつなぎ、釜(かま)をつくります。

②その中に、「かぼちゃ」に見立てた子を入れて、
　歌いながら左右に揺らします。

③うたが終わったら、となりの釜に送っていきます。

「かぼちゃ」になった子は、
両手を広げて、2人でつ
くった釜の中に立ちます。

ことろ

親と子　こー　とろ　こと　ろ　　どの　こが　めずき

オニ　あの　こが　めずき

親と子　さあ　とって　みやれ

「めずき」は、
「かわいい」の
意味です

この子を
タッチする

親

オニ

子

あそび方

①オニと親を1人ずつ決め、子は親
　の肩につかまり、一列になります。

②問答のように歌い、「とってみや
　れ」で、オニがいちばん後ろの子
　をつかまえます。このとき、親は
　両手を広げて、子を守ります。

③つかまった子は、つぎのオニにな
　り、オニは親になります。

じゃんけん ぽっくりげた

「ひよりげた」の「た」で、じゃんけんをします。あいこのときも同様です。

「ぽっくり下駄」は、幼い女の子が、晴れ着を着たときに履く下駄のことです。「日和下駄」は、歯の低い下駄で、歯が高い雨下駄に対して、日和下駄は、天気のよい日にはきました。

いっぽんばし こちょこちょ

いっ ぽん ば し　　こ ちょこ ちょ

5本ばしまで、
くり返し

に　ほん ば し　　こ ちょこ ちょ
さん ぼん ば し　　こ ちょこ ちょ
よん ほん ば し　　こ ちょこ ちょ
ご　ほん ば し　　こ ちょこ ちょ

つね って　　たた いて

ここから
唱え

かい だん　　のぼって

こー ちょこ ちょ

> ### わらべうたと
> ### 子どもたち

　わらべうたは、「あんよはじょうず」のように、子どもをことばで励ましたり、おとなにやさしく触れられて、心地よい時を子どもとおとなにもたらしてくれます。

　そして、子どもが、いちばん喜ぶのは、やはり「くすぐり」です。

いっぽんばし

①1本指でなぞ
ります。

こーちょこちょ

②手のひらをく
すぐります。

にほんばし…

③2本、3本…と指を
増やしていってなぞ
り、くすぐります。

つねって

④手の甲を2回
つねります。

たたいて

⑤手のひらを2回
たたきます。

かいだんのぼって

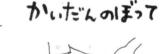

⑥2本の指で手首から腕
へ、のぼっていきます。
脇の下まできたら、「こ
ちょこちょ」と、くす
ぐります。

かごめ かごめ

かごめ　かごめ　かごの　なかの　とりーは　いついつ

でやーる　つきよの　ばんに　つるとかめが　すべって

うしろの　しょうめん　だーれ

「かごめ かごめ」は、だれでも知っているわらべうたです。

福島バージョンでは、「夜明けの晩に」ではなく、「月夜の晩に」と歌います。そんなちがいも、わらべうたの楽しいところです。

① みんなで輪になり、手をつなぎます。オニは輪の中に入り、手で目か
くしをしてしゃがみます。

② 輪になった子は、歌いながら時計まわりに歩きます。

③ 「ツルとカメが すべって」で歩くのをやめ、しゃがみます。

④ 「うしろの正面 だーれ」と、歌い終わったら、オニの後ろにしゃが
んだ子が、鳥の鳴き声をします。

⑤ オニは、それがだれの声かを当てます。

⑥ 当たれば、オニを交代します。

むかい やんまの

むかい　やんまの　しばぐり　は

えんで　こぼれて　ひろわれ　て
おおなべ　こなべで　ゆでられ　て

くり返し

あした の　ちゃのこ に　うまが一　ん べ

うまが一　ん べ

わらべうたと
子どもたち

　もともとは、〈てまりうた〉でした。糸を巻いた「手鞠」であそんだのでしょう。

　「えんで」は熟して、「ちゃのこ」はお茶菓子に、「うまがんべ」はおいしいよ、と言っています。

　保育園では歌うだけでなく、お手玉であそんでいますが、子どもたちの中には、お手玉を投げてしまう子もいます。「ボールじゃないんだよ」と、お手玉をやってみせてあげるといいでしょう。

お手玉1個を持ち、うたに合わせて、お手玉を、左右の手に行ったり来たり動かします。

右手から始めたら左手でキャッチし、右手に戻します。左手から始めたら、右手でキャチし、左手に戻します。

年長児になると、お手玉2個もできるようになります。

①手のひらが上になるように1個ずつお手玉を持ちます。

②片方のお手玉を、もう一方の手に落ちるように投げ上げます。その間に、投げた手でもう片方の手にあるお手玉をつかみとり、あいた手で投げられたお手玉をキャッチします。

③これを、うたに合わせて、くり返します。

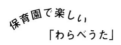

4歳児〜

つきか くもか

つきか　くもか　あんどん　か

3回、
くり返し

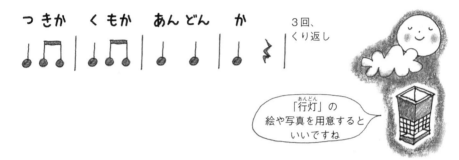

「行灯」の
絵や写真を用意すると
いいですね

あそび方

　　　　オニを決め、みんなは「月、雲、あんどん」のど
れにするかと、オニに3回くり返し歌います。

　　　　オニが「月」と答えたら走って逃げ、「雲」と答
えたら歩いて逃げ、そのあとをオニが追いかけます。

　逃げているとき、オニが、「あんどん」と言ったら、子どもたちは止まり、
オニが「何歩くれる?」と聞きます。「5歩」と言われたら、オニは5
歩だけ動くことができます。最初につかまった人が、つぎのオニです。

こめつき あわつき

こめ つき　あわ つき　あわ つき　こめ つき

こめ（あわ）　　　　つき　　　　あわ（こめ）

こめ（あわ）　　　　つき

お餅になる前の、お米の
うたです。拍に合わせて
ギッタン、バッタン。

友だちと足を伸ばして背中あわせに座り、「こめ」で前（後ろ）に倒し、
「つき」で直って、「あわ」で後ろ（前）に倒し、「つき」で直ります。

また、2人で両手をつなぎ、交替で立ったり、しゃがんだりをします。

親子でやるときは、子どもをだっこして、やさしく前後に倒します。

ぺったら ぺったん

❶ ぺったら　ぺったん　もちつけ　もちつけ　くり返し

もちつけ　た

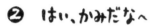

❷ はい、かみだなへ

❸ 今年もお米がとれますように
お願いします

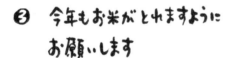

おそびカ

①片手にお手玉をのせ、もう片方の手を握りこぶし
にして、お手玉（餅のつもり）をつきます。

②「はい、神棚へ」で、頭の上に、お手玉をのせます。

③「今年も」で手を合わせ、「お願いします」でお
じぎをして、お手玉を落とします。このとき、手
をお椀にして、お手玉を受けます。

わらべうたと
子どもたち

ゼロ歳児は、頭にお手玉をのせてもらって、落ち
てしまうのをおもしろがります。1歳児は、手の中
に落ちなくても、落ちることが楽しい。2歳児から
は、おとなと同じにあそべます。

じゃんこう じゃんこう

じゃんこう　じゃんこう　いもじゃん　こう

い　もが　　やけ　たら　くいなん　せ

あそびかた

わらべうたと
子どもたち

保育士や友だちの後ろにくっついて、歌いながら遊具のあいだをくぐりぬけたり、蛇行（だこう）して歩きます。

「じゃんこう」は「蛇行（だこう）」のことで、ヘビや龍（りゅう）が、うねうねと移動することです。部屋の中でもあそべます。

43

コンコンさま

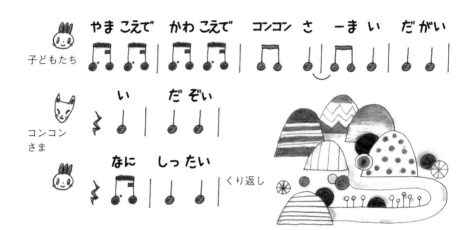

① コンコンさまと子どもたちに分かれて、それぞれのパートを歌い、「なにしったい」のあとで、コンコンさまと子どもたちが、やり取りをします。

② うたとやり取りは、何度かくり返します。

③ コンコンさまに、「ご飯」について聞いてからは、やり取りだけをしますが、コンコンさまの恐い正体がわかったら、子どもたちは逃げ、コンコンさまは追いかけます。

④ つかまった子が、つぎのコンコンさまです。

コンコンさまとのやり取りは、自由でいいんだよ

うた 「山こえで　川こえで　コンコンさま　いだがい」
「いだぞい」
「なにしったい」

🦊 今 おきたとこ

🐰 わーい！ねぼすけねぼすけ

うた 「山こえで　川こえで　コンコンさま　いだがい」
「いだぞい」
「なにしったい」

🦊 今 便所さ入ってる

🐰 わーい！くさいぞくさいぞ

うた 「山こえで　川こえで　コンコンさま　いだがい」
「いだぞい」
「なにしったい」

🦊 今おけしょうしてっとこ

🐰 わーい！しゃれこしゃれこ
（おしゃれ、おしゃれ）

うた 「山こえで　川こえで　コンコンさま　いだがい」
「いだぞい」
「なにしったい」

🦊 今ごはん食べてる

🐰 おかずはなあに

🦊 へびとかえる

🐰 いきてんの？死んでんの？

🦊 いきてんの！

🐰 わあ〜〜（逃げる）

🦊 （追いかける）

まてー！
食べちゃうぞー

わらべうたと
子どもたち

　コンコンさまの正体がよくわからない２歳児も、
逃げるのを楽しんでいます。

　けれども、こんなやり取りができるようになるの
は、年長さんになってからです。

おくやまに

おくやま　に　●　・きじと　きつねと

💬 ●は1拍（「うん」）、・は半拍（「ん」）のお休みだよ

こいぬと　ねことが　あつまって　●

どうゆて　ないた　・きじは　けんけん

こんこん　にゃんにゃん　わんけん　こん

人形などは、どれか1つでも、なにもなくてもかまいません。

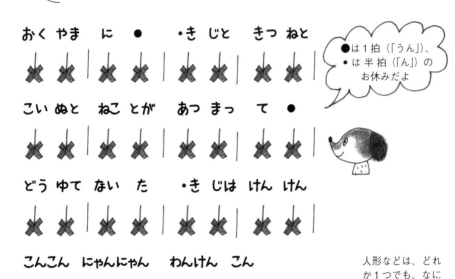

わらべうたと子どもたち

ペープサートや人形などを持って、保育士が、みんなの前で唱えます。

唱えを覚えた年長児が、友だちの前ですることで、表現する力や自信につながります。

どれに しようかな

3歳児〜

どれ に しょう か な

かみ さま の いう とおり

あか まめ し ろ まめ

さん ど まめ

も ひ と つ お まけ に

さん ど まめ

「さんどまめ（三度豆）」
は、1年に3度収穫でき
る豆のことです。

　一文字ずつ、ことばに合わせて指でさしていきます。「さんど
まめ」の「め」で指さしたもので、決定です。迷える子どもを救っ
てくれる、魔法の方法です。

　もともとは、はじめの「神さまのいうとおり」で終わっていた
はずなのですが、なかなか決めがたくて、「あかまめ…」、それか
ら「もひとつおまけに…」と、どんどんことばが加えられていき
ました。

いちめど にめど

いちめどー

にめどー

さんめどー

しめどー

首の後ろを、
こちょこちょ

背中のまん中を、
こちょこちょ

腰の上を、
こちょこちょ

おしりを、ぽん！
と、軽くたたく

ぽん！

あそび方

唱えながら、人差し指でくすぐるように、首、背中、腰とさわっていきます。赤ちゃんには、やさしく（ちょっとだけ刺激のあるように）します。

**わらべうたと
子どもたち**

子どもがつまらなそうに、おとなのところにやって来たり、友だちとあそばないで1人でいるときに、「いちめどー」と、やってあげます。すると、ほかの子たちも「やってー」と集まってきて、いつしかみんなで、別のあそびが始まります。

48

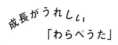

カッテコ カッテコ

カッテコ　カッテコ　　なんまん　だ

✹　　✹　　｜　✹　　✹　｜

よーその　ぼーさん　　しりきっ　た

✹　　✹　　｜　✹　　✹　｜

おそび方

　子どもが上手に歩けるようになったら、おとなと両手をつなぎ、おとなの足の甲に子どもの足を乗せ、歌いながら前に、後ろに歩きます。

　また、床に手をついて座り、おしりを押しだして、漕ぐように進んだり、子どもたち数人が、電車ごっこのようにつながって、歌いながら歩いたりしてあそびます。

どどっこ やがいん

どどっこ　やがいん　けえして　やがいん

あだまっこ　やがいん　けえして　やがいん

すりぽこ　やがいん　けえして　やがいん

やけ たか　　な　　　ムシャ ムシャ ムシャ

おそび方 その❶

①子どもの両手を持ち、手を上下に動かして、リズムをとります。

②「けえして」では、手を離さないで、手をひっくり返します。

③「ムシャ ムシャ ムシャ…」で、食べるまねをします。

わらべうたと
子どもたち

「どどっこ（魚）」を焼くようすを歌ったわらべうたです。「あだまっこ」は、魚の頭、「すりぽこ」は、魚のしっぽのことです。

囲炉裏（いろり）や七輪（しちりん）で焼いた魚は、さぞかしおいしいでしょう。

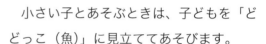

あそび方
その❷

小さい子とあそぶときは、子どもを「どどっこ（魚）」に見立ててあそびます。

①拍ごとに、子どものからだをぽんぽんとさわってリズムをとります。

②「けえして　やがいん」では、子どものからだを、やさしくひっくり返します。

③「あだまっこ　やがいん」は頭をさわり、「すりぽこ　やがいん」では、お尻（しり）のあたりをさわります。

④「焼けたかな？」は、子どもに聞くように顔を見ます。

⑤「ムシャ　ムシャ　ムシャ…」で、子どものからだを、こちょこちょ、っとくすぐります。

だいこんつけ

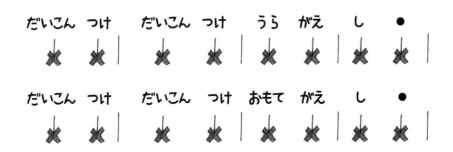

だいこん　つけ　　だいこん　つけ　　うら　がえ　　し　　●

だいこん　つけ　　だいこん　つけ　おもて　がえ　　し　　●

①両手を前に出し、手の甲を上にして、拍に合わせて上下に振ります。

②「うらがえし」の「し」で、手のひらが上になるよう、ひっくり返します。

③「おもてがえし」の「し」で、またひっくり返し、手の甲を上にします。

だいこんつけ
だいこんつけ

**わらべうたと
子どもたち**

　大根だけでなく、「つぎ、白菜（にんじん、きゅうり…）ね」と、ほかの野菜も漬けます。子どもたちからは、自分の好きな「トマト（じゃがいも）」など、漬物にするには心配な野菜もとびだします。

　小さい子には、おとなが両手をそえます。

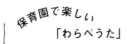

あずきちょ まめちょ

あ ず き ち ょ　　ま め　ち ょ

や か ん の　つ ぶ れ　ち ょ

おそび方

　2人で背中合わせに座り、腕（うで）を組みます。

　うたに合わせて、前（後ろ）、直って、後ろ（前）、

直って…、をくり返して倒します。

あーずき
（やーかー）

ちょ
（んーの）

まーめー
（つーぶれ）

ちょ

まめっちょ まめちょ

ま めっちょ　まめ ちょ　いった まめ　ぽ りぽり

いんねぇ まめ　な まぐ゛せ　すずめ らも　まわっから

おれ らも　まわりま しょ

わらべうたと
子どもたち

　おとなはすぐにギブアップですが、1〜2歳児にとっては、ピョンピョ
ン跳ぶのが、楽しくてしかたがありません。

　いろいろな種類の豆をびんに入れて見せたり、豆を給食に出してもら
い、食べました。4〜5歳児には、節分の話をしています。

保育士のうたに合わせて、ピョンピョン飛び跳ね
ます。

①輪になる子と、輪の中に入る子に分かれます。
②歌いながら、輪になった子は手をたたき、輪の中
　の子はピョンピョン飛び跳ねます。
③歌い終わったら、輪の中と外の子を交代します。

いっしょま にしょま

いっしょ　ま　　にしょま　　ますんそこ　　ぬけ　た

子どもの脇_{わき}の下を持ち、左右に揺らします。うたの最後で、床に子どもをおろします。

少し大きい子は、おとな2人で、子どもの脇_{わき}の下と足を持ち、左右に揺らします。

わらべうたと
子どもたち

赤ちゃんは、横抱きにして、ゆっくり左右に揺らします。「一升_{いっしょうます}枡の底が抜けた」と言っています。

一つ ひばしで

ふくふく
ふくれもち

火箸

みごとな
きな粉もち

よごれた
小豆もち

父っつあまの
げんこもち

一つ　ひばしで　やいたも　ち

二つ　ふくふく　ふくれも　ち
三つ　みごとな　きなこも　ち
四つ　よごれた　あずきも　ち
五つ　いんきょの　かぶれも　ち
　　　隠居の　カビのはえた　もち

六つ　むすめの　みやげも　ち
七つ　なんなん　なっとも　ち
八つ　やまなか　ごんぼも　ち
九つ　こめらの　だっしぇも　ち
　　　子どもたちの出し合ったもち

十で　とっつぁまの　げんこも　ち

わらべうたと
子どもたち

　保育園では、お正月の〈かぞえうた〉としてあそんでいます。紹介したのは福島バージョンですが、地域により、ことばはいろいろのようです。

　小さい子には、指を1・2…と示して唱え、大きいクラスでは、冬の発表会などで、グループに分かれて唱えます。

おおさむ こさむ

 **(勝)** おお さむ　こさ む

 これをくり返すんだよ

(負) やまから　こぞうが　とんできた

(勝) な んと いって　とんでき た

(負) さむいと いって　とんできた

(勝) さむい　ごったら　あだ れ
✖ ✖ ✖ ✖

(負) あだ れば　いだ い
✖ ✖ ✖ ✖　止まる

(勝) いだけりゃ　いだちの　くそつけ る
✖ ✖ ✖ ✖

丸める

投げながら
追いかける

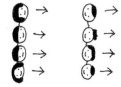

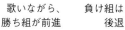
歌いながら、　　負け組は
勝ち組が前進　　後退

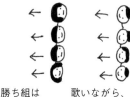
勝ち組は　　歌いながら、
後退　　　　負け組が前進

① じゃんけんで勝ち組と負け組に分かれ、手をつないで向かい合います。

② うたを歌う組が前進します。はじめは、勝ち組が４歩前進。それに合わせて、負け組が下がります。

③ つぎに、負け組が４歩前進、勝ち組は後退。それを「あだれば いだい」までくり返します。

④ 勝ち組は「いだけりゃ〜」で、「くそ」を丸めるまねをします。

⑤ 「ろ」で、「くそ」を投げる動作をして、逃げる負け組を追いかけます。

わらべうたと
子どもたち

　保育士が、勝ち組と負け組に１人ずつ入ると、２歳児でもあそぶことができます。２〜３歳児は「いたちのくそ」の意味はわかりませんが、なにか汚い物というイメージはもつようで、「イヤダー！」と、泣きながら逃げだします。

　じゃんけんで負けてばかりの組にいた年長児は、くそをつけられるだけがくやしくて泣いたりと、波乱万丈のあそびが展開します。

ダイコク ダイコク

ダイコク　ダイコク……
……　フクダイコク！

ダイコク
ダイコク…

フクダイコク！

①じゃんけんで勝った子が、みんなの
　手を打つ子になります。
②みんなは、手を出して、高く重ねて
　いきます。
③その上に、①の子は握（にぎ）りこぶしを置
　き、ぐりぐり回しながら「ダイコク
　ダイコク…」と唱（とな）え、「フクダイコク」
　を合図に、みんなの手を打ちます（い
　つ言うかは自由）。みんなは、合図で、
　さっと手を引っ込めます。
④打たれた子が、つぎの手を打つ子に
　なります。だれの手も打てなかった
　ら、打てるまで続けます。

わらべうたと
子どもたち

　駆（か）け引きがおもしろいあそびです。保育園では夕
方、異年齢の子どもたちであそびました。
　小さい子が、手を打つことができないと、わざと
打たれてくれる、やさしい年長児がいるものです。

べろべろ しょうじき

2歳児〜

べろ べろ　しょう じき　だれ へー　たっちゃ

たっちゃ ほ　ーさ つん　むげ

小枝がなくても、
曲がるストローで
代用できます。

　先を折った小枝を両手にはさんで回し、うたの終わりで小枝の
先が指している人が、つぎのオニになります。

　「べろべろの神さま、だれがおならをしたのかな。おならをし
た人の方を向いてください」と歌っています。

　小枝を折るのは、囲炉裏（いろり）の自在鉤（じざいかぎ）をまねたといわれています。
むかし、囲炉裏を囲んで、こんなあそびをしたのでしょうね。

おわりに

　私が子どもだった頃、路地裏や、ちょっとした空き地で、「わらべうた」を歌ってあそんでいました。とくに女の子のあいだでは、〈まりつきうた〉が盛んでした。男の子も、「かくれんぼ　するもの　よっといで」と、なかまを誘いました。「○○ちゃん、あそぼ」も、「わらべうた」。子どもたちのあそびは、自然に「わらべうた」で始まっていました。

　あそびの中には、弟や妹など、小さい子も混じっていました。「みそっかす」と呼ばれていましたが、ちょこっと混ぜてもらうことで、あそびを覚えていきました。

　あそんでいた「わらべうた」は、つぎの「わらべうた」へと発展していき、いつまでもあそびは終わりませんでした。「ねこ　くんにゃ（ください）」と、ねこを買いに行くあそびがあって、最後に売れずに残ったねこが、なぜか「コンコンさま」（44ページ）になり、追いかけあそびになりました。

　男の子たちは、よく〈からかいうた〉や〈はやしうた〉も唱えていました。おとなは、「おめぇの母ちゃんでべそ」のような「わらべうた」は、行儀が悪くて困りものなのですが、今の子どもたちも唱えていますよね。おとなは歓迎しなくても、子どもは楽しくてしかたがないのです。

　けんかして悔しいとき、どう言い返そうかと頭を働かせることや、塞いだ気持ちを、唱えることで解放しているのです。大事なのは、言われた方も、後々まで心の傷となって残ることがないということです。

　打たれ強く、しなやかに考える子どもに育ってほしいと思います。今だからこそ、子ども時代の〈からかいうた〉や〈はやしうた〉も大切なのではないかと思うのです。

　子どもたちは、また、別れるときも「わらべうた」でした。「さいなら三角　またきて四角…」。子ども時代に、あきれるほど「わらべうた」に触れさせてあげたいものです。

はじめてのわらべうた
索引

清野京子（せいの　けいこ）

福島わらべうたサークル代表。幼稚園・保育園に勤務し、わらべうたあそびを続けて10年経た時に、故・降矢美彌子先生（宮城教育大学名誉教授）と出会い、親子が一緒に「わらべうた」であそぶことの大切さを学ぶ。保育園・幼稚園の園児にとどまらず、保育士や学生、小・中学生などにも、「わらべうた」と、わらべうたあそびの大切さを伝えている。

絵 ——————— 近藤理恵
ブックデザイン —— 阿部美智（オフィスあみ）

※本書は、「はじめてのわらべうた」（月刊『ちいさいなかま』
2019年4月号〜2021年3月号、ちいさいなかま社）
をもとに加筆、再構成をしたものです。

はじめてのわらべうた
うたって　動いて　楽しくあそぼう

初版第1刷発行　2021年7月31日

発行：ちいさいなかま社
〒162-0837　東京都新宿区納戸町26-3　保育プラザ
TEL 03-6265-3172
FAX 03-6265-3230
URL https://www.hoiku-zenhoren.org/

発売：ひとなる書房
〒113-0033　東京都文京区本郷2-17-13-101
TEL 03-3811-1372
FAX 03-3811-1383
E-mail hitonaru@alles.or.jp

印刷：東銀座印刷出版株式会社

ISBN978-4-89464-281-2　C3037